SOCIÉTÉS A L'ÉTRANGER.

CONSTITUTION PAR DES FRANÇAIS.

NULLITÉ.

PAR

Edouard BADON-PASCAL

Avocat

Membre de la Société d'Economie politique

PRIX : 1 fr.

PARIS

ADMINISTRATION DU DROIT FINANCIER

22, RUE LE PELETIER, 22

1900

LE DROIT FINANCIER

Jurisprudence des Valeurs mobilières et des Sociétés.

RECUEIL BI-MENSUEL

Fondé par *EDOUARD BADON-PASCAL*

Avocat, Membre de la Société d'Économie politique

13ᵉ ANNÉE

PRIX DE L'ABONNEMENT :

FRANCE ET ALGÉRIE : **16** fr. — ÉTRANGER : **18** fr.

OUVRAGES DE DROIT FINANCIER

Publiés par M. Ed. Badon-Pascal.

Les Marchés à terme. — *Étude pratique au point de vue légal et financier* (3ᵉ édition grand in-8) . . . . 6 fr.

La Crise de la Bourse (1882). — Causes, remèdes, in-8. . 1 fr.

Agent de change. — **Banquier.** — **Changeur.** — *Leur rôle et leur responsabilité* dans la négociation des valeurs, in-8. 1 fr.

Le monopole des agents de change. — *Valeurs cotées, valeurs non cotées,* in-8 . . . . 1 fr.

Les syndicats financiers, in-8 . . . . 1 fr.

Des droits des obligataires (1888), in-8. . . . . 1 fr.

De la responsabilité des chambres syndicales d'agents de change. — *Faits de charge.* — *Transmission d'un office* (1890), in-8 . . . . 1 fr.

Le monopole des agents de change et l'article 76 du Code de commerce (1894), in-8. . . . . 1 fr.

Des marchés à terme. — Historique et législation. — Commentaire de la loi du **28 mars 1885** (1895), in-8. . . . . 1 fr.

Du remboursement anticipé des obligations (1895), in-8. 1 fr.

Des titres au porteur (1895), in-8 . . . . 1 fr. 50

Traité des obligations de chemins de fer (1896), in-8. . . 4 fr.

Remboursement de l'emprunt 1886 de la Ville de Paris. — Tirage des lots (1898), in-8. . . . . 0 fr. 50

Les obligations du Crédit foncier. — *Tirage des lots* (1899). in-8 . . . . 0 fr. 75

SOCIÉTÉS A L'ÉTRANGER.

CONSTITUTION PAR DES FRANÇAIS.

NULLITÉ.

PAR

Edouard BADON-PASCAL

Avocat

Membre de la Société d'Economie politique

––––––

PARIS

ADMINISTRATION DU DROIT FINANCIER

22, RUE LE PELETIER, 22

1900

SOCIÉTÉS. — CONSTITUTION A L'ÉTRANGER
PAR DES FRANÇAIS. — NULLITÉ (1).

§ 1.

La loi du 24 juillet 1867 a supprimé l'autorisation du gouvernement pour les Sociétés par actions, tout en soumettant
les Sociétés à un régime plus sévère que la loi antérieure de
1856; mais cette sévérité n'a empêché aucune fraude. Les faits
sont là pour le prouver.

Les lois anglaises et belges sont moins gênantes pour les
fondateurs de Sociétés; nous ignorons si la fraude y est plus
répandue. Au prochain Congrès international des Sociétés par
actions, il serait intéressant de poser la question de savoir si
la sévérité des lois savamment élaborées protège davantage
les actionnaires.

Quoi qu'il en soit, le législateur de 1893 a vu certains abus
commis sous l'empire de la loi de 1867; il a cru pouvoir y re-
médier en décidant que les actions d'apport ne seraient né-
gociables qu'au bout de deux ans.

C'est une mesure grave et exceptionnelle, car il arrive sou-
vent que des fondateurs ont le besoin ou le désir de réaliser,
plus tôt, des actions qui sont leur légitime propriété ; mais il y
a eu des abus que le législateur a eu la prétention de répri-
mer.

Les fondateurs de Sociétés qui regardent à enfreindre les
lois de leur pays, se sont soumis à cette mesure excessive si
on la compare à la législation des pays voisins. Les uns, en
cas de besoin d'argent, ont demandé, pour la rémunération
de leurs apports, une partie en espèces et l'autre partie en
actions d'apport ; d'autres ont demandé des parts bénéficiai-
res qui, aux termes de la jurisprudence, sont immédiatement
réalisables, mais qui ne font pas partie du capital social et
ne participent aux bénéfices qu'après le prélèvement de l'intérêt du capital social (2).

(1) Il est bien entendu qu'il ne peut pas être question de Sociétés ayant
un siège normal et régulier à l'étranger ; il s'agit, uniquement, des Sociétés
constituées à l'étranger dans le but de se soustraire aux prescriptions des
lois françaises.

(2) Les actions d'apport ne sont pas réalisables sous la forme commerciale,
mais elles le sont par la voie civile, comme les créances.

Mais il y a un certain nombre de fondateurs qui ne craignent pas d'enfreindre les lois de leur pays ; ceux-là ont trouvé plus avantageux, non dans l'intérêt des actionnaires, mais dans le leur, d'aller fonder des Sociétés à l'étranger, en se soumettant à la législation moins sévère de nos voisins.

Après cela, ils reviennent en France pour vendre leurs actions qui sont affranchies de toutes les prescriptions légales imposées à nos Sociétés. Ces actions sont-elles régulières ? Les Français ont-ils le droit de passer la frontière uniquement dans le but de s'affranchir des lois françaises ? Telle est la question qui présente, en ce moment, un réel intérêt.

Le *Droit financier* a publié sur ce sujet, en 1889, un article de doctrine très important, dû à la plume de M. J. Bozérian, sénateur et rapporteur de la loi votée, en 1886, par le Sénat, et abandonnée par la Chambre des députés, qui s'est contentée de faire la loi du 1ᵉʳ août 1893.

M. J. Bozérian établit qu'il est de doctrine et de jurisprudence : d'une part, que la nationalité d'une Société se détermine par le lieu du siège social, et d'autre part, qu'en matière de siège social, comme en matière de domicile, la volonté des parties n'est pas omnipotente. Si l'on peut faire une élection de domicile, on ne peut pas faire un domicile ; c'est la loi qui le fait.

Aux termes de l'article 102 du Code Civil, le domicile du citoyen est le lieu où il a son principal établissement ; aux termes de l'article 103, le changement de domicile s'opère par le fait d'une habitation réelle dans un autre lieu, joint à l'intention d'y fixer son principal établissement.

Ce qui est vrai pour les particuliers l'est également pour les Sociétés ; le siège social de celles-ci est, comme le domicile de ceux-là, le lieu où elles ont leur principal établissement, et ce principal établissement ne résulte pas des énonciations d'un acte, il résulte des faits, que les Tribunaux ont le pouvoir d'apprécier souverainement. En général les Sociétés constituées en fraude des lois de 1867 et de 1893 sont faciles à reconnaître ; leur siège social est à l'étranger, leur siège administratif est à Paris et c'est là que se réunit le Conseil d'administration, c'est là que sont les principaux intérêts.

La question de la nationalité de ces Sociétés constituées à l'étranger, par des Français, dans le but d'enfreindre les lois françaises, est ancienne.

Dès 1860, la Cour de Cassation faisait l'application de ces principes dans une affaire des mines de Rosdorff.

Les statuts de la Société formée pour l'exploitation de ces mines avaient fixé le siège social à l'étranger.

En dépit de ces statuts, la Cour de Paris avait, par un arrêt du 7 juin 1860, décidé que la Société était française.

Sur le pourvoi, la Cour de Cassation a dit, dans un arrêt de la Chambre criminelle du 14 décembre 1860 (*Bull. crim.*, n° 290) :

« Attendu que l'arrêt attaqué constate qu'il résulte d'une manière évidente de tous les documents du procès, que la Société dont s'agit est toute française ;

« Attendu que cette constatation s'appuie sur des faits et des intentions de fraude, par suite desquels la Cour impériale a écarté, comme contraires à la réalité, les énonciations des statuts sociaux propres à faire croire à l'extranéité de la Société ;

« Attendu que la Cour impériale, qui ne pouvait être liée par la fraude, n'a fait qu'user du pouvoir souverain d'appréciation qui lui appartenait à cet égard, et qu'elle n'a violé aucune loi. »

Bien que cet arrêt ait été rendu sous l'empire de la loi de 1856, il est manifeste que cet arrêt a conservé toute sa valeur sous l'empire de la loi du 24 juillet 1867.

M. J. Bozérian cite encore, à propos du domicile, les déci- sions bien connues qui ont été rendues dans l'affaire de la Société du *Crédit foncier suisse.*

Cette Société avait été déclarée en faillite, à Genève, le 3 février, et à Paris, le 5 février 1874. Le 5 mars, sur l'opposition formée par les syndics suisses, jugement du Tribunal de Commerce de la Seine qui maintient l'ouverture de la faillite à Paris. Le 19 mars sur l'opposition des syndics français, jugement du Tribunal de Commerce de Genève qui maintient l'ouverture de la faillite à Genève.

Les 25 mai et 20 juin 1874, arrêts confirmatifs des Cours d'appel du canton de Genève et de Paris.

« Considérant (porte l'arrêt de la Cour de Paris) qu'il résulte manifestement de tous les documents du procès que la Société du *Crédit foncier et commercial suisse*, en stipulant dans ses statuts que le siège social serait à Genève, n'avait pour objet que d'éviter les entraves apportées par la législation française à sa création ;

« Considérant que si le siège social était indiqué à Genève le conseil d'administration et le gouvernement étaient installés à Paris, où se sont tenus tous les conseils ;

« Considérant que cette maison de Paris, où résidaient tous les membres du conseil d'administration, était le véritable domicile de la Société ; qu'en effet c'était de là que partaient les ordres et instructions, que se réglaient les affaires sociales, que se passaient, avec les conseils, les traités divers ; que c'était donc à Paris qu'était le véritable domicile social, lieu où était le véritable établissement. »

Il a été mis fin à ce véritable conflit de juridiction par un arrêté du Conseil fédéral de Berne, du 20 janvier 1875, qui reconnut la compétence des Tribunaux français.

« Considérant (porte cet arrêt), que le Conseil fédéral doit essentiellement rechercher dans lequel des deux pays les intérêts les plus importants sont engagés, et dans lequel le *Crédit foncier suisse* aurait le centre ou le foyer principal de ses affaires et de ses opérations ;

« Que, sous ce rapport, les faits exposés dans les pièces ne paraissent laisser subsister aucun doute ;

« Que le *Crédit foncier suisse*, bien que fondé à Genève sous l'empire des lois Genevoises, n'avait de Suisse que le nom ; que le motif vrai de sa création à Genève paraît avoir été d'éluder les lois françaises sur les Sociétés anonymes, et de pouvoir opérer en France, en se soustrayant à l'empire des lois françaises ;

« Qu'au moment où la faillite a été prononcée, aucun administrateur du *Crédit foncier suisse* ne résidait à Genève, mais que tout le personnel administratif habitait Paris ;

« Que c'est à Paris que le *Crédit foncier suisse* avait son siège effectif, dans un hôtel acheté par lui ; que c'est là que se sont faites presque toutes les opérations de la Société ; que c'est là, en particulier, qu'était le bureau d'émission des titres dont les opérations, reconnues frauduleuses par les Tribunaux français, ont donné lieu, de leur part, à l'application des lois pénales à certains administrateurs ;

« Que les victimes qu'a faites le *Crédit foncier suisse* habitent, dans leur très grande majorité, la France... »

Ainsi la Cour de Cassation en France, comme le Conseil fédéral de Berne (Cour de Cassation en Suisse) ont décidé que les énonciations d'un acte ne suffisaient pas pour établir le domicile d'une Société anonyme et qu'il y avait lieu de re-

chercher dans lequel des deux pays les intérêts les plus importants étaient engagés.

§ 2.

La question du domicile réel est très importante, parce que
c'est le domicile qui sert à établir la nationalité d'une Société, et cette nationalité joue un grand rôle dans l'existence
sociale.

Ainsi, en dehors des prescriptions légales établies pour les
Sociétés, prescriptions qui sont propres à chaque pays, il y
a des différences sensibles ; la négociation des actions est
régie par des règles différentes, les impôts ne sont pas les
mêmes, il y a l'impôt sur la constitution, la taxe de 4 0/0 sur
le revenu, etc.

En résumé, les Sociétés sont régies comme les individus,
par leurs statuts personnels ; or le statut personnel d'une Société c'est la loi du pays.

Les auteurs sont unanimes pour décider que la nationalité
d'une Société se détermine non par son acte constitutif, mais
par le lieu où elle a son principal établissement. C'est le
principe général ; cependant il peut y avoir des exceptions si
le domicile étranger est choisi dans l'intérêt de la Société. En
cas contraire, s'il est manifeste que les fondateurs ont agi
dans leur intérêt personnel et dans le seul but d'éluder les
lois françaises, la Société constituée à l'étranger est nulle en
France et sa dissolution doit être prononcée.

La question de fait joue un grand rôle dans l'appréciation
de la nationalité.

M. André Weiss, professeur à l'Ecole de droit de Paris, prétend que le principal établissement est déterminé par le centre effectif, matériel de son exploitation et de ses affaires, le
lieu où se concentre son activité commerciale et industrielle
(*Pandectes françaises*, 1895, 5e partie, 1).

M. Chavegrin, agrégé à la Faculté de droit de Paris (1), prétend que pour reconnaître l'établissement principal, on n'a,
dans certains cas, rien de mieux à faire que de rechercher la
nationalité des souscripteurs. Quand on la connaît, on sait
quel est le pays avec lequel la Société a les liens les plus sérieux, et, à supposer que nulle autre circonstance ne four-
nisse des indications contraires, on est renseigné sur le do-

(1) V. *Sirey*, 1888.2.89.

micile, partant sur la nationalité de la Société elle-même.
M. Chavegrin est aussi d'avis que la nationalité des souscripteurs joue, dans le doute, un grand rôle dans la question. Il
s'exprime ainsi à ce sujet : « Si une Société composée de
Français place son siège social en Angleterre, on présume
assez aisément que les associés ont employé un pur artifice,
en choisissant *un territoire qui n'est ni celui de leur patrie,
ni celui où ils se proposent d'opérer.*

En résumé, si la nationalité de la Société ne dépend pas de
celle des actionnaires, elle constitue un élément d'appréciation bien utile pour déterminer le domicile réel.

M. Ch. Lyon-Caen, professeur agrégé à la Faculté de droit
de Paris, membre de l'Institut, est d'avis qu'il est impossible
de laisser aux fondateurs d'une Société par actions la liberté
d'en faire, selon leur fantaisie, une Société étrangère ou française. La distinction entre ces deux Sociétés est très importante. Il est impossible, aussi, de laisser aux Tribunaux un
pouvoir de décision arbitraire. Il y a une règle qui résulte de
l'esprit et du but général de la législation sur les Sociétés par
actions.

M. Lyon-Caen adopte, comme règle, le lieu dans lequel une
Société a son principal établissement. La règle est facile à
appliquer quand la Société a pour objet une entreprise qui a,
avec le sol, un lien intime. Quant aux autres, qui opèrent dans
plusieurs Etats, ce qu'il faut examiner, c'est le but qu'avait la
Société, lors de sa fondation.

Une question plus délicate est celle-ci. La Société a son
exploitation à l'étranger, mais les fondateurs sont français,
les actionnaires aussi, en très grande partie du moins, le
siège administratif est à Paris, c'est là que se réunit le conseil d'administration, les actions ont été vendues en France,
et cependant l'on a passé le détroit ou la frontière pour aller
constituer une Société anglaise ou belge.

Exemple : Une Société de mines d'or au Transvaal peut
être constituée suivant la loi du pays, même si elle appar-
tient à des Français, mais si le siège social n'est pas au Transvaal, les fondateurs français peuvent-ils aller constituer la
Société en Belgique, en Angleterre, en Allemagne, en Espa-
gne, en Italie, etc. ?

Telle est la question. Elle est résolue par le simple bon sens,
par les principes qui régissent la loi de 1867, par la doctrine,
et par la jurisprudence de la Cour de Cassation.

La règle est indiscutable, il faut établir quel est le principal établissement, en dehors du pays d'exploitation: c'est la
question de fait qui domine la question.

Parmi ces faits, les auteurs attachent une grande importance à la nationalité des fondateurs et des souscripteurs, et
c'est avec raison que M. Chavegrin prétend que les associés
ont employé un pur artifice en choisissant un territoire qui
n'est ni celui de leur patrie, ni celui où ils se proposent d'o-
pérer. Il est bien certain, en effet, que les intérêts français
doivent être surveillés par les lois françaises, à moins qu'il
n'y ait un avantage manifeste pour la Société d'être constituée à l'étranger.

Mais alors il faut que l'administration tout entière soit au
siège social, que les conseils d'administration y soient tenus, que la direction et le centre effectif d'activité soient à l'é-
tranger, en un mot il faut que la Société ait un intérêt à avoir
son siège social à l'étranger et qu'elle y ait son principal
établissement effectif, sans siège administratif à Paris, une
succursale est suffisante.

Mais tel n'est pas le cas, quand il n'y a qu'une façade à
l'étranger, que le siège administratif est à Paris où se réunit
le conseil d'administration, où se trouve la direction effective
et réelle. C'est là que sont la plus grande partie des souscripteurs et des actionnaires, c'est là qu'est le principal établissement, et l'on peut dire, sans hésiter, que le siège social à
l'étranger n'a pas été choisi dans l'intérêt de la Société, ni
des actionnaires, mais uniquement dans l'intérêt des fondateurs ; c'est un critérium absolu et infaillible. Et dans ce cas
l'on peut décider, sans crainte de se tromper, que les fondateurs ont établi le siège social à l'étranger pour se soustraire
soit aux taux d'émission des actions, soit à la vérification de
leurs apports, soit à la défense de vendre les actions avant le
délai de deux ans.

Si, après la doctrine, l'on examine la jurisprudence, l'on
voit que la Cour de Cassation a adopté les mêmes principes,
relativement au domicile et au principal établissement des
Sociétés.

§ 3.

Si la Cour de cassation, ainsi qu'on le verra, se base sur le
principal établissement d'une Société pour déterminer sa
nationalité, elle exige aussi qu'il soit établi que les fonda-

teurs français n'ont constitué une Société à l'étranger que pour se soustraire aux lois de leur pays. L'exemple suivant prouvera que la Cour suprême se détermine surtout par les faits pour fixer le principal établissement.

En 1880, MM. Chandova et consorts ont demandé la nullité de la *Banque Européenne*, fondée par Philippart, sous prétexte que si la Société avait été constituée en Belgique, son véritable siège social était à Paris, et que c'était dans cette ville qu'avait eu lieu la vente des actions.

La Chambre correctionnelle de la Cour de Paris a rendu un arrêt, le 12 mai 1881. S'appuyant sur la nationalité belge de Philippart, et sur ses nombreuses opérations engagées en Belgique, elle a décidé qu'il n'y avait pas eu d'intention de violer la loi de 1867, parce que la Société avait une attache étrangère, par son fondateur (1).

Quoique la nationalité d'une Société soit déterminée par le pays où elle a son principal établissement, cependant la Cour de Cassation, par son arrêt du 20 juin 1870, a dit qu'on ne saurait considérer comme étrangère une Société qui a pour objet la construction et l'exploitation d'un débarcadère maritime à l'étranger, alors que son siège social est en France, où elle a été constituée ; que son *conseil d'administration se réunit en France, et que ses actions ont été émises en France*. La Cour de Cassation, dans cette espèce, a constaté l'importance du siège administratif, qui est le centre de l'activité d'une Compagnie.

Depuis quelques années, surtout depuis la loi du 1er août 1893, qui a interdit la vente des actions d'apport pendant deux ans, un nombre assez considérable de fondateurs, soit pour éviter la vérification des apports, soit pour avoir la faculté de vendre leurs actions d'apport immédiatement, ont été fonder des Sociétés à l'étranger, avec un siège administratif à Paris.

Quelle est la sanction de cette infraction volontaire à la loi ?

La Chambre criminelle de la Cour de Cassation a rendu, le 21 novembre 1889, un arrêt de principe qui dit que ces Sociétés constituées à l'étranger, dans le but de se soustraire aux lois françaises, tombent sous l'application de l'article 405 du Code pénal relatif à l'escroquerie.

(1) V. *Journal des Sociétés civiles*, 1882, p. 265.

MM. Baratte et Brunot de Rouvre avaient été constituer, en Belgique, une Compagnie d'assurances contre l'incendie, dénommée *la Ville de Paris*, dans le but manifeste de se soustraire à la loi française. Ensuite, ils avaient repassé la frontière, et étaient revenus en France pour y placer leurs actions dépourvues des sanctions légales imposées aux actions françaises.

La Cour d'appel de Nancy a rendu un arrêt qui condamne correctionnellement Baratte et Brunot de Rouvre pour infraction à la loi sur les Sociétés du 24 juillet 1867.

Sur le pourvoi, la Cour de Cassation a rendu l'arrêt suivant :

La Cour,

En ce qui touche Baratte :

Attendu que, par acte sous seing privé, M⁰ Brugnon, avocat en la Cour, a déclaré se désister du pourvoi formé par Baratte, le 23 mars 1889, contre un arrêt de la Cour d'appel de Nancy, en date du 20 du même mois, qui, statuant sur l'opposition du prévenu, à un arrêt par défaut du 2 janvier précédent, a condamné le dit Baratte à 15 mois d'emprisonnement et à 1.500 francs d'amende pour infraction à la loi sur les Sociétés, et complicité d'escroquerie ; attendu que ce désistement est régulier en la forme ; donne acte du désistement ; déclare qu'il n'y a lieu de statuer sur le pourvoi précité lequel sera considéré comme non avenu, et condamne le demandeur aux dépens ;

En ce qui touche Brunot de Rouvre :

Sur le premier moyen, tiré de la violation des articles 1, 2, 14 de la loi du 24 juillet 1867, de l'article 3 du Code civil :

Attendu que l'arrêt attaqué constate qu'il résulte d'une manière évidente, de tous les éléments du procès, que la Société d'assurance et de crédit *la Ville de Paris*, était une Société française ;

Attendu que cette constatation s'appuie sur des faits et des intentions de fraude, par suite desquels la Cour d'appel de Nancy a écarté, comme contraires à la réalité, les faits et les énonciations des statuts sociaux, propres à faire croire à l'extranéité de la Société ;

Qu'elle a déclaré, notamment, que de Rouvre est allé constituer la dite Société en Belgique, sous une apparence légale, dans un but manifeste de fraude ;

Attendu que la Cour d'appel, qui ne pouvait être liée par la fraude, n'a fait qu'user du pouvoir souverain d'appréciation qui lui appartenait à cet égard, et qu'elle n'a violé aucune loi ;

Sur le deuxième moyen, pris de la violation des articles 59, 60, 62 *et* 405 *du Code pénal* :

Attendu que l'arrêt attaqué énonce que le demandeur a donné des instructions à Beauvironnois pour commettre les délits d'escroqueries retenus à la charge de ce dernier, et qu'il lui a procuré des instruments et des moyens qui ont servi à perpétrer ces délits, sachant qu'ils devaient y servir ;

Sur le second moyen, tiré de la violation des articles 1, 2, 14 *de la loi du* 24 *juillet* 1867 *et de l'article* 405 *du Code pénal* :

Attendu, d'une part, qu'en s'appuyant sur des faits et des intentions de fraude, la Cour d'appel de Nancy a déclaré, par une appréciation souveraine, que *la Ville de Paris* n'était pas une Société belge, mais une Société française :

Attendu d'autre part, que le demandeur ne conteste pas que les faits retenus comme constitutifs du délit d'escroquerie suffisent pour imprimer à ce délit son caractère légal ; d'où il suit que l'arrêt attaqué n'a violé aucun des articles susvisés ; et attendu d'ailleurs, que cet arrêt est régulier en la forme ;

PAR CES MOTIFS, rejette....

Le Tribunal de Commerce de la Seine a appliqué ces principes ; il a rendu, le 27 août 1891, le jugement suivant qui prononce la nullité d'une Société constituée à Londres, et dont le siège administratif était à Paris.

(Affaire Vigneaux c. The Anglo-franco-belgian Quarries of Oran).

Le Tribunal,

Sur le renvoi :

Attendu que les défendeurs comparants soutiennent : 1° qu'ils ne seraient pas domiciliés dans le ressort du Tribunal ;

2° Que la Société dont ils font partie avait pour but l'exploitation de carrières, et que cette Société devrait, par suite, être assimilée à une Société de mines dont la juridiction consulaire n'a pas à connaître ;

Mais attendu que des plaidoiries développées à cette barre et des faits de la cause il ressort : que le siège administratif de la dite Société était situé à Paris, 176, boulevard Péreire ;

Que si, à la vérité, le siège social était, d'après les statuts, indiqué comme étant situé à Londres, cette indication du siège social n'avait pour but que de permettre à la Société de se fonder avec un capital composé d'actions dont le taux ne répondait pas aux prescriptions de l'article 1er de la loi du 24 juillet 1867 ;

Qu'en fait, il est établi que c'est à Paris que siégeait le conseil d'administration, et que ni l'indication du siège social à Londres, ni celle du siège de l'exploitation à Oran ne saurait distraire la Société de la juridiction à laquelle *son Conseil d'administration* doit être soumis ;

. . . .

Par ces motifs,

Déclare nulle, pour inobservation des formalités prescrites par la loi, la Société dénommée *The Anglo-franco-belgian Quarries of Oran*, ayant pour objet notamment l'entreprise des travaux, l'exploitation des carrières, le commerce de banque, etc., avec siège social à Londres, Worthumberland Chambors, Worthemberland avenue, et à Paris, boulevard Péreire, n° 176 ;

Nomme le sieur Navarre liquidateur de cette Société avec les pouvoirs les plus étendus d'après les lois et usages du commerce.

Le principe de ce jugement et des arrêts de cassation a été reproduit dans diverses décisions, notamment dans une affaire *Construction Limited c. Brown* et autres. La Cour de Cassation a rendu l'arrêt suivant, en date du 22 décembre 1896 :

La Cour,

Sur le moyen pris de la violation du traité avec l'Angleterre du 17 mai 1862 ; fausse application de la loi du 24 juillet 1864 et défaut de motifs :

Attendu que, si la nationalité d'une Société dépend du lieu de son siège social et de son principal établissement, en quelque pays que se poursuivent les opérations dont s'alimente sa spéculation, c'est à la condition que ce siège social, effectif et sérieux, n'ait pas été transporté à l'étranger d'une manière purement fictive, dans le dessein d'échapper aux règles d'ordre public édictées par la loi française pour la création et le fonctionnement des Sociétés ;

Attendu que l'arrêt attaqué constate, en fait, que la prétendue Société dite *Construction Limited* n'avait, à dessein, en Angleterre, qu'un siège nominal et fictif, où jamais ne s'était trouvée centralisée son administration ; qu'elle n'y entretenait qu'un secrétaire sans·initiative, recevant les bilans et les délibérations de Paris, où se réunissaient exclusivement les directeurs ; qu'elle n'avait aucun intérêt en Angleterre, et n'y a jamais exercé son activité ; que la création d'une apparence de siège social à Londres n'a été imaginée par son véritable fondateur, La Chapelle, que pour soustraire une œuvre toute française aux formalités protectrices de nos lois, dont il redoutait l'application ; qu'en tirant de ces circonstances souverainement appréciées la conséquence que la dite Société n'était pas étrangère, et que, n'ayant revêtu aucune forme légale en France, elle devait y être déclarée nulle, la Cour d'appel n'a violé aucune loi ;

Par ces motifs,

Rejette le pourvoi formé par la Société dite *Construction Limited* contre l'arrêt de la Cour d'appel d'Aix, du 30 juillet 1895.

Toutes ces décisions sont unanimes, pour condamner les fondateurs de Sociétés constituées à l'étranger, mais qui ont leur centre d'activité et leur siège administratif en France.

CONCLUSION

Une Société fondée par des Français, avec des capitaux français, ayant son exploitation et son principal établissement en France, est française. Et si des fondateurs constituent une pareille Société à l'étranger, elle est nulle, comme fondée en fraude des lois françaises sur les Sociétés ; aucun doute à ce sujet.

Que décider si l'exploitation est à l'étranger ?

Les auteurs et la Cour de Cassation sont d'accord pour décider que la nationalité est déterminée par le lieu du principal établissement, et ce principal établissement est désigné par les circonstances dans lesquelles la Société a été fondée. Ainsi, il y a présomption que la Société est française lorsque les fondateurs et les actionnaires sont français, lorsque le siège administratif est à Paris, lorsque les membres influents du conseil d'administration habitent la France (par exemple le président et l'administr teur délégué) ; c'est à ce siège administratif que sont traitées toutes les affaires sociales, passes tous les traités, où sont prises toutes les délibérations (1).

Dans ce cas il est certain, aux termes d'une jurisprudence constante, que le siège social à l'étranger est fictif, et que le principal établissement se trouve dans le pays où les intérêts les plus importants sont engagés, et où se trouve le centre des opérations et de l'activité de la Société. Si donc les fondateurs ont établi un siège social à l'étranger pour ne pas se soumettre aux lois de leur pays, la Société ainsi constituée est nulle.

C'est donc le principal établissement qui détermine la nationalité d'une Société et non pas le lieu fixé par les statuts pour le siège social.

Aucun doute à ce sujet.

En Belgique, c'est la loi belge du 22 mai 1886 qui a résolu la question. Son article 129 est très catégorique : il établit une présomption légale en décidant que « *toute Société dont le principal établissement est en Belgique est soumise à la loi belge, bien que l'acte constitutif ait été passé en pays étranger* ».

Ainsi, en France, la doctrine et la Cour de cassation ; en Belgique la loi sont unanimes pour décider que le siège social à l'étranger ne détermine pas la nationalité d'une Société.

Cette nationalité est déterminée, uniquement, par le principal établissement. Or ce principal établissement est déterminé par le lieu où est fixé le siège administratif, parce que c'est là que sont les intérêts sociaux, les directeurs de ces intérêts et les principaux intéressés, c'est-à-dire les actionnaires.

Quant au siège social à l'étranger, c'est une simple façade derrière laquelle s'abritent des fondateurs qui ont peut-être des raisons pour ne pas se soumettre aux lois françaises qu'ils trouvent trop gênantes, mais cette façade est creuse et ne saurait les abriter.

La solution est très nette ; elle est donnée par la doctrine, la Cour de Cassation et la loi belge. La conclusion s'impose. Les fondateurs ne peuvent, dans le but de se soustraire aux lois de leur pays, constituer une Société à l'étranger. Toutes les Sociétés ainsi fondées en fraude des lois françaises sont nulles en France ; leur dissolution sera prononcée par les Tribunaux français qui appliqueront les lois sur les Sociétés de 1867 et de 1893, lois qui contiennent des sanctions pénales pour la garantie des prescriptions légales qui sont d'ordre public.

(1) Les Sociétés réellement étrangères ont une succursale à Paris et non un siège administratif. Le siège administratif doit être au siège social.

Imp. J. Thevenot. Saint-Dizier (Hte-Marne)

www.ingramcontent.com/pod-product-compliance
Lightning Source LLC
LaVergne TN
LVHW010113060726

842524LV00006B/2498